2020

Enero

L	M	M	J	V	S	D
		1	2	3	4	5
6	7	8	9	10	11	12
13	14	15	16	17	18	19
20	21	22	23	24	25	26
27	28	29	30	31		

Febrero

L	M	M	J	V	S	D
					1	2
3	4	5	6	7	8	9
10	11	12	13	14	15	16
17	18	19	20	21	22	23
24	25	26	27	28	29	

Marzo

L	M	M	J	V	S	D
						1
2	3	4	5	6	7	8
9	10	11	12	13	14	15
16	17	18	19	20	21	22
23	24	25	26	27	28	29
30	31					

Abril

L	M	M	J	V	S	D
		1	2	3	4	5
6	7	8	9	10	11	12
13	14	15	16	17	18	19
20	21	22	23	24	25	26
27	28	29	30			

Mayo

L	M	M	J	V	S	D
				1	2	3
4	5	6	7	8	9	10
11	12	13	14	15	16	17
18	19	20	21	22	23	24
25	26	27	28	29	30	31

Junio

L	M	M	J	V	S	D
1	2	3	4	5	6	7
8	9	10	11	12	13	14
15	16	17	18	19	20	21
22	23	24	25	26	27	28
29	30					

Julio

L	M	M	J	V	S	D
		1	2	3	4	5
6	7	8	9	10	11	12
13	14	15	16	17	18	19
20	21	22	23	24	25	26
27	28	29	30	31		

Agosto

L	M	M	J	V	S	D
					1	2
3	4	5	6	7	8	9
10	11	12	13	14	15	16
17	18	19	20	21	22	23
24	25	26	27	28	29	30
31						

Septiembre

L	M	M	J	V	S	D
	1	2	3	4	5	6
7	8	9	10	11	12	13
14	15	16	17	18	19	20
21	22	23	24	25	26	27
28	29	30				

Octubre

L	M	M	J	V	S	D
			1	2	3	4
5	6	7	8	9	10	11
12	13	14	15	16	17	18
19	20	21	22	23	24	25
26	27	28	29	30	31	

Noviembre

L	M	M	J	V	S	D
						1
2	3	4	5	6	7	8
9	10	11	12	13	14	15
16	17	18	19	20	21	22
23	24	25	26	27	28	29
30						

Diciembre

L	M	M	J	V	S	D
	1	2	3	4	5	6
7	8	9	10	11	12	13
14	15	16	17	18	19	20
21	22	23	24	25	26	27
28	29	30	31			

Enero 2020

Lun	Mar	Mié	Jue	Vie	Sáb	Dom
30	31	1	2	3	4	5
6	7	8	9	10	11	12
13	14	15	16	17	18	19
20	21	22	23	24	25	26
27	28	29	30	31	1	2

Febrero 2020

Lun	Mar	Mié	Jue	Vie	Sáb	Dom
27	28	29	30	31	1	2
3	4	5	6	7	8	9
10	11	12	13	14	15	16
17	18	19	20	21	22	23
24	25	26	27	28	29	1

Marzo 2020

Lun	Mar	Mié	Jue	Vie	Sáb	Dom
24	25	26	27	28	29	1
2	3	4	5	6	7	8
9	10	11	12	13	14	15
16	17	18	19	20	21	22
23	24	25	26	27	28	29
30	31	1	2	3	4	5

Abril 2020

Lun	Mar	Mié	Jue	Vie	Sáb	Dom
30	31	1	2	3	4	5
6	7	8	9	10	11	12
13	14	15	16	17	18	19
20	21	22	23	24	25	26
27	28	29	30	1	2	3

Mayo 2020

Lun	Mar	Mié	Jue	Vie	Sáb	Dom
27	28	29	30	1	2	3
4	5	6	7	8	9	10
11	12	13	14	15	16	17
18	19	20	21	22	23	24
25	26	27	28	29	30	31

Junio 2020

Lun	Mar	Mié	Jue	Vie	Sáb	Dom
1	2	3	4	5	6	7
8	9	10	11	12	13	14
15	16	17	18	19	20	21
22	23	24	25	26	27	28
29	30	1	2	3	4	5

Julio 2020

Lun	Mar	Mié	Jue	Vie	Sáb	Dom
29	30	1	2	3	4	5
6	7	8	9	10	11	12
13	14	15	16	17	18	19
20	21	22	23	24	25	26
27	28	29	30	31	1	2

Agosto 2020

Lun	Mar	Mié	Jue	Vie	Sáb	Dom
27	28	29	30	31	1	2
3	4	5	6	7	8	9
10	11	12	13	14	15	16
17	18	19	20	21	22	23
24	25	26	27	28	29	30
31	1	2	3	4	5	6

Septiembre 2020

Lun	Mar	Mié	Jue	Vie	Sáb	Dom
31	1	2	3	4	5	6
7	8	9	10	11	12	13
14	15	16	17	18	19	20
21	22	23	24	25	26	27
28	29	30	1	2	3	4

_____

_____

_____

Octubre 2020

Lun	Mar	Mié	Jue	Vie	Sáb	Dom
28	29	30	1	2	3	4
5	6	7	8	9	10	11
12	13	14	15	16	17	18
19	20	21	22	23	24	25
26	27	28	29	30	31	1

Noviembre 2020

Lun	Mar	Mié	Jue	Vie	Sáb	Dom
26	27	28	29	30	31	1
2	3	4	5	6	7	8
9	10	11	12	13	14	15
16	17	18	19	20	21	22
23	24	25	26	27	28	29
30	1	2	3	4	5	6

_____

_____

_____

Diciembre 2020

Lun	Mar	Mié	Jue	Vie	Sáb	Dom
30	1	2	3	4	5	6
7	8	9	10	11	12	13
14	15	16	17	18	19	20
21	22	23	24	25	26	27
28	29	30	31	1	2	3

Diciembre

Semana 1   30-12-19 - 05-01-20

○ 30. LUNES

PRIORIDADES

○ 31. MARTES

○ 1. MIÉRCOLES

QUE HACER

○ 2. JUEVES

○ 3. VIERNES

○ 4. SÁBADO / 5. DOMINGO

Enero

Semana 2　　　　　　　　　06-01-20 - 12-01-20

○ 6. LUNES

PRIORIDADES

○ 7. MARTES

○ 8. MIÉRCOLES

QUE HACER

○ 9. JUEVES

○ 10. VIERNES

○ 11. SÁBADO / 12. DOMINGO

Enero

Semana 3   13-01-20 - 19-01-20

○ 13. LUNES

PRIORIDADES

○ 14. MARTES

○ 15. MIÉRCOLES

QUE HACER

○ 16. JUEVES

○ 17. VIERNES

○ 18. SÁBADO / 19. DOMINGO

Enero

Semana 4   20-01-20 - 26-01-20

○ 20. LUNES

                                             PRIORIDADES

○ 21. MARTES

○ 22. MIÉRCOLES

                                             QUE HACER

○ 23. JUEVES

○ 24. VIERNES

○ 25. SÁBADO / 26. DOMINGO

Enero

Semana 5   27-01-20 - 02-02-20

○ 27. LUNES

PRIORIDADES

○ 28. MARTES

○ 29. MIÉRCOLES

QUE HACER

○ 30. JUEVES

○ 31. VIERNES

○ 1. SÁBADO / 2. DOMINGO

Febrero

Semana 6   03-02-20 - 09-02-20

○ 3. LUNES

                                            PRIORIDADES

○ 4. MARTES

○ 5. MIÉRCOLES

                                            QUE HACER

○ 6. JUEVES

○ 7. VIERNES

○ 8. SÁBADO / 9. DOMINGO

Febrero

Semana 7   10-02-20 - 16-02-20

○ 10. LUNES

PRIORIDADES

○ 11. MARTES

○ 12. MIÉRCOLES

QUE HACER

○ 13. JUEVES

○ 14. VIERNES

○ 15. SÁBADO / 16. DOMINGO

Febrero

Semana 8   17-02-20 - 23-02-20

___

○ 17. LUNES

                                               PRIORIDADES

○ 18. MARTES

○ 19. MIÉRCOLES

                                               QUE HACER

○ 20. JUEVES

○ 21. VIERNES

○ 22. SÁBADO / 23. DOMINGO

Febrero

Semana 9   24-02-20 - 01-03-20

○ 24. LUNES

PRIORIDADES

○ 25. MARTES

○ 26. MIÉRCOLES

QUE HACER

○ 27. JUEVES

○ 28. VIERNES

○ 29. SÁBADO / 1. DOMINGO

Marzo

Semana 10   02-03-20 - 08-03-20

◯ 2. LUNES

                                                  PRIORIDADES

◯ 3. MARTES

◯ 4. MIÉRCOLES

                                                  QUE HACER

◯ 5. JUEVES

◯ 6. VIERNES

◯ 7. SÁBADO / 8. DOMINGO

Marzo

Semana 11   09-03-20 - 15-03-20

○ 9. LUNES

                                        PRIORIDADES

○ 10. MARTES

○ 11. MIÉRCOLES

                                        QUE HACER

○ 12. JUEVES

○ 13. VIERNES

○ 14. SÁBADO / 15. DOMINGO

Marzo

Semana 12				16-03-20 - 22-03-20

○ 16. LUNES

PRIORIDADES

○ 17. MARTES

○ 18. MIÉRCOLES

QUE HACER

○ 19. JUEVES

○ 20. VIERNES

○ 21. SÁBADO / 22. DOMINGO

Marzo

Semana 13   23-03-20 - 29-03-20

○ 23. LUNES

PRIORIDADES

○ 24. MARTES

○ 25. MIÉRCOLES

QUE HACER

○ 26. JUEVES

○ 27. VIERNES

○ 28. SÁBADO / 29. DOMINGO

Marzo

Semana 14   30-03-20 - 05-04-20

___

○ 30. LUNES

                                PRIORIDADES

○ 31. MARTES

○ 1. MIÉRCOLES

                                QUE HACER

○ 2. JUEVES

○ 3. VIERNES

○ 4. SÁBADO / 5. DOMINGO

Abril

Semana 15

06-04-20 - 12-04-20

○ 6. LUNES

PRIORIDADES

○ 7. MARTES

○ 8. MIÉRCOLES

QUE HACER

○ 9. JUEVES

○ 10. VIERNES

○ 11. SÁBADO / 12. DOMINGO

Abril

Semana 16				13-04-20 - 19-04-20

○ 13. LUNES

PRIORIDADES

○ 14. MARTES

○ 15. MIÉRCOLES

QUE HACER

○ 16. JUEVES

○ 17. VIERNES

○ 18. SÁBADO / 19. DOMINGO

Abril

Semana 17   20-04-20 - 26-04-20

○ 20. LUNES

PRIORIDADES

○ 21. MARTES

○ 22. MIÉRCOLES

QUE HACER

○ 23. JUEVES

○ 24. VIERNES

○ 25. SÁBADO / 26. DOMINGO

Abril

Semana 18

27-04-20 - 03-05-20

○ 27. LUNES

PRIORIDADES

○ 28. MARTES

○ 29. MIÉRCOLES

QUE HACER

○ 30. JUEVES

○ 1. VIERNES

○ 2. SÁBADO / 3. DOMINGO

Mayo

Semana 19　　　　　　　　　　04-05-20 - 10-05-20

○ 4. LUNES

PRIORIDADES

○ 5. MARTES

○ 6. MIÉRCOLES

QUE HACER

○ 7. JUEVES

○ 8. VIERNES

○ 9. SÁBADO / 10. DOMINGO

Mayo

Semana 20

11-05-20 - 17-05-20

◯ 11. LUNES

PRIORIDADES

◯ 12. MARTES

◯ 13. MIÉRCOLES

QUE HACER

◯ 14. JUEVES

◯ 15. VIERNES

◯ 16. SÁBADO / 17. DOMINGO

Mayo

Semana 21   18-05-20 - 24-05-20

○ 18. LUNES

                                        PRIORIDADES

○ 19. MARTES

○ 20. MIÉRCOLES

                                        QUE HACER

○ 21. JUEVES

○ 22. VIERNES

○ 23. SÁBADO / 24. DOMINGO

Mayo

Semana 22   25-05-20 - 31-05-20

○ **25. LUNES**

PRIORIDADES

○ **26. MARTES**

○ **27. MIÉRCOLES**

QUE HACER

○ **28. JUEVES**

○ **29. VIERNES**

○ **30. SÁBADO / 31. DOMINGO**

Junio

Semana 23   01-06-20 - 07-06-20

○ 1. LUNES

                                                PRIORIDADES

○ 2. MARTES

○ 3. MIÉRCOLES

                                                QUE HACER

○ 4. JUEVES

○ 5. VIERNES

○ 6. SÁBADO / 7. DOMINGO

Junio

Semana 24   08-06-20 - 14-06-20

○ 8. LUNES

                                    PRIORIDADES

○ 9. MARTES

○ 10. MIÉRCOLES

                                    QUE HACER

○ 11. JUEVES

○ 12. VIERNES

○ 13. SÁBADO / 14. DOMINGO

Junio

Semana 25   15-06-20 - 21-06-20

○ 15. LUNES

PRIORIDADES

○ 16. MARTES

○ 17. MIÉRCOLES

QUE HACER

○ 18. JUEVES

○ 19. VIERNES

○ 20. SÁBADO / 21. DOMINGO

Junio

Semana 26　　　　　　　　　22-06-20 - 28-06-20

○ 22. LUNES

PRIORIDADES

○ 23. MARTES

○ 24. MIÉRCOLES

QUE HACER

○ 25. JUEVES

○ 26. VIERNES

○ 27. SÁBADO / 28. DOMINGO

Junio

Semana 27   29-06-20 - 05-07-20

___

○ 29. LUNES

PRIORIDADES

○ 30. MARTES

○ 1. MIÉRCOLES

QUE HACER

○ 2. JUEVES

○ 3. VIERNES

○ 4. SÁBADO / 5. DOMINGO

Julio

Semana 28   06-07-20 - 12-07-20

○ 6. LUNES

PRIORIDADES

○ 7. MARTES

○ 8. MIÉRCOLES

QUE HACER

○ 9. JUEVES

○ 10. VIERNES

○ 11. SÁBADO / 12. DOMINGO

Julio

Semana 29   13-07-20 - 19-07-20

○ 13. LUNES

PRIORIDADES

○ 14. MARTES

○ 15. MIÉRCOLES

QUE HACER

○ 16. JUEVES

○ 17. VIERNES

○ 18. SÁBADO / 19. DOMINGO

Julio

Semana 30   20-07-20 - 26-07-20

○ 20. LUNES

                                        PRIORIDADES

○ 21. MARTES

○ 22. MIÉRCOLES

                                        QUE HACER

○ 23. JUEVES

○ 24. VIERNES

○ 25. SÁBADO / 26. DOMINGO

Julio

Semana 31   27-07-20 - 02-08-20

○ 27. LUNES

                                    PRIORIDADES

○ 28. MARTES

○ 29. MIÉRCOLES

                                    QUE HACER

○ 30. JUEVES

○ 31. VIERNES

○ 1. SÁBADO / 2. DOMINGO

Agosto

Semana 32   03-08-20 - 09-08-20

○ 3. LUNES

PRIORIDADES

○ 4. MARTES

○ 5. MIÉRCOLES

QUE HACER

○ 6. JUEVES

○ 7. VIERNES

○ 8. SÁBADO / 9. DOMINGO

Agosto

Semana 33   10-08-20 - 16-08-20

○ 10. LUNES

PRIORIDADES

○ 11. MARTES

○ 12. MIÉRCOLES

QUE HACER

○ 13. JUEVES

○ 14. VIERNES

○ 15. SÁBADO / 16. DOMINGO

Agosto

Semana 34　　　　　　　　　　　17-08-20 - 23-08-20

○ **17. LUNES**

PRIORIDADES

○ **18. MARTES**

○ **19. MIÉRCOLES**

QUE HACER

○ **20. JUEVES**

○ **21. VIERNES**

○ **22. SÁBADO / 23. DOMINGO**

Agosto

Semana 35   24-08-20 - 30-08-20

○ 24. LUNES

                                        PRIORIDADES

○ 25. MARTES

○ 26. MIÉRCOLES

                                        QUE HACER

○ 27. JUEVES

○ 28. VIERNES

○ 29. SÁBADO / 30. DOMINGO

Agosto

Semana 36   31-08-20 - 06-09-20

○ 31. LUNES

PRIORIDADES

○ 1. MARTES

○ 2. MIÉRCOLES

QUE HACER

○ 3. JUEVES

○ 4. VIERNES

○ 5. SÁBADO / 6. DOMINGO

Septiembre

Semana 37   07-09-20 - 13-09-20

◯ 7. LUNES

PRIORIDADES

◯ 8. MARTES

◯ 9. MIÉRCOLES

QUE HACER

◯ 10. JUEVES

◯ 11. VIERNES

◯ 12. SÁBADO / 13. DOMINGO

Septiembre

Semana 38   14-09-20 - 20-09-20

○ 14. LUNES

PRIORIDADES

○ 15. MARTES

○ 16. MIÉRCOLES

QUE HACER

○ 17. JUEVES

○ 18. VIERNES

○ 19. SÁBADO / 20. DOMINGO

Septiembre

Semana 39 21-09-20 - 27-09-20

○ 21. LUNES

PRIORIDADES

○ 22. MARTES

○ 23. MIÉRCOLES

QUE HACER

○ 24. JUEVES

○ 25. VIERNES

○ 26. SÁBADO / 27. DOMINGO

Septiembre

Semana 40   28-09-20 - 04-10-20

○ 28. LUNES

PRIORIDADES

○ 29. MARTES

○ 30. MIÉRCOLES

QUE HACER

○ 1. JUEVES

○ 2. VIERNES

○ 3. SÁBADO / 4. DOMINGO

Octubre

Semana 41   05-10-20 - 11-10-20

○ 5. LUNES

PRIORIDADES

○ 6. MARTES

○ 7. MIÉRCOLES

QUE HACER

○ 8. JUEVES

○ 9. VIERNES

○ 10. SÁBADO / 11. DOMINGO

Octubre

Semana 42 12-10-20 - 18-10-20

○ 12. LUNES

PRIORIDADES

○ 13. MARTES

○ 14. MIÉRCOLES

QUE HACER

○ 15. JUEVES

○ 16. VIERNES

○ 17. SÁBADO / 18. DOMINGO

Octubre

Semana 43   19-10-20 - 25-10-20

○ 19. LUNES

PRIORIDADES

○ 20. MARTES

○ 21. MIÉRCOLES

QUE HACER

○ 22. JUEVES

○ 23. VIERNES

○ 24. SÁBADO / 25. DOMINGO

Octubre

Semana 44   26-10-20 - 01-11-20

○ 26. LUNES

PRIORIDADES

○ 27. MARTES

○ 28. MIÉRCOLES

QUE HACER

○ 29. JUEVES

○ 30. VIERNES

○ 31. SÁBADO / 1. DOMINGO

Noviembre

Semana 45 　　　　　　　　　　　02-11-20 - 08-11-20

○ 2. LUNES

　　　　　　　　　　　　　　　　　PRIORIDADES

○ 3. MARTES

○ 4. MIÉRCOLES

　　　　　　　　　　　　　　　　　QUE HACER

○ 5. JUEVES

○ 6. VIERNES

○ 7. SÁBADO / 8. DOMINGO

Noviembre

Semana 46   09-11-20 - 15-11-20

○ 9. LUNES

                                    PRIORIDADES

○ 10. MARTES

○ 11. MIÉRCOLES

                                    QUE HACER

○ 12. JUEVES

○ 13. VIERNES

○ 14. SÁBADO / 15. DOMINGO

Noviembre

Semana 47   16-11-20 - 22-11-20

○ 16. LUNES

PRIORIDADES

○ 17. MARTES

○ 18. MIÉRCOLES

QUE HACER

○ 19. JUEVES

○ 20. VIERNES

○ 21. SÁBADO / 22. DOMINGO

Noviembre

Semana 48   23-11-20 - 29-11-20

○ 23. LUNES

                                    PRIORIDADES

○ 24. MARTES

○ 25. MIÉRCOLES

                                    QUE HACER

○ 26. JUEVES

○ 27. VIERNES

○ 28. SÁBADO / 29. DOMINGO

Noviembre

Semana 49   30-11-20 - 06-12-20

○ 30. LUNES

                                         PRIORIDADES

○ 1. MARTES

○ 2. MIÉRCOLES

                                         QUE HACER

○ 3. JUEVES

○ 4. VIERNES

○ 5. SÁBADO / 6. DOMINGO

Diciembre

Semana 50   07-12-20 - 13-12-20

○ 7. LUNES

PRIORIDADES

○ 8. MARTES

○ 9. MIÉRCOLES

QUE HACER

○ 10. JUEVES

○ 11. VIERNES

○ 12. SÁBADO / 13. DOMINGO

Diciembre

Semana 51   14-12-20 - 20-12-20

○ 14. LUNES

PRIORIDADES

○ 15. MARTES

○ 16. MIÉRCOLES

QUE HACER

○ 17. JUEVES

○ 18. VIERNES

○ 19. SÁBADO / 20. DOMINGO

Diciembre

Semana 52　　　　　　　　　21-12-20 - 27-12-20

○ 21. LUNES

PRIORIDADES

○ 22. MARTES

○ 23. MIÉRCOLES

QUE HACER

○ 24. JUEVES

○ 25. VIERNES

○ 26. SÁBADO / 27. DOMINGO

Diciembre

Semana 53   28-12-20 - 03-01-21

○ 28. LUNES

○ 29. MARTES

○ 30. MIÉRCOLES

○ 31. JUEVES

○ 1. VIERNES

○ 2. SÁBADO / 3. DOMINGO

PRIORIDADES

QUE HACER

www.ingramcontent.com/pod-product-compliance
Lightning Source LLC
Chambersburg PA
CBHW070821220526
45466CB00002B/736